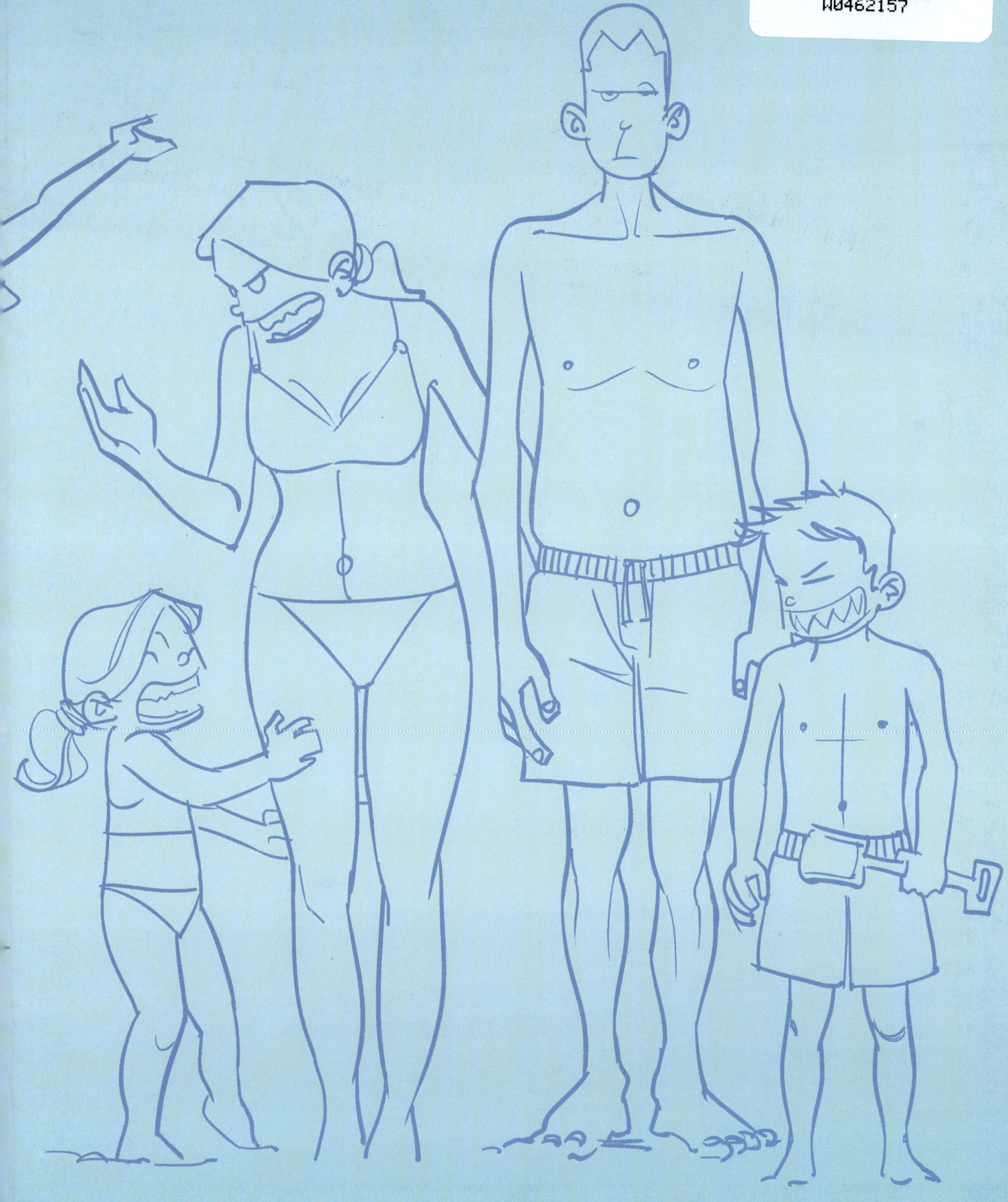

LE BLOND 2

D'après le personnage créé par Gad Elmaleh.
Auteur et scénariste : Gad Elmaleh

Scénario : Gad Elmaleh et Spoon
Dessin : Spoon
Mise en couleurs : Spoon

Direction éditoriale : Annabelle Roche
Fabrication : Christian Toanen et Nikola Savic
Réalisation : Pierre Léger
Imprimé et relié en France par PPO Graphic

ISBN 13 : 978-2-7499-3453-2
Première édition – Février 2018
Dépôt légal : février 2018
LAF : 2343B

118, avenue Achille-Peretti
CS 70024 – 92521 Neuilly-sur-Seine Cedex

www.michel-lafon.com

GAD ELMALEH

LE BLOND²

SPOON

Michel LAFON

UN MATIN COMME LES AUTRES

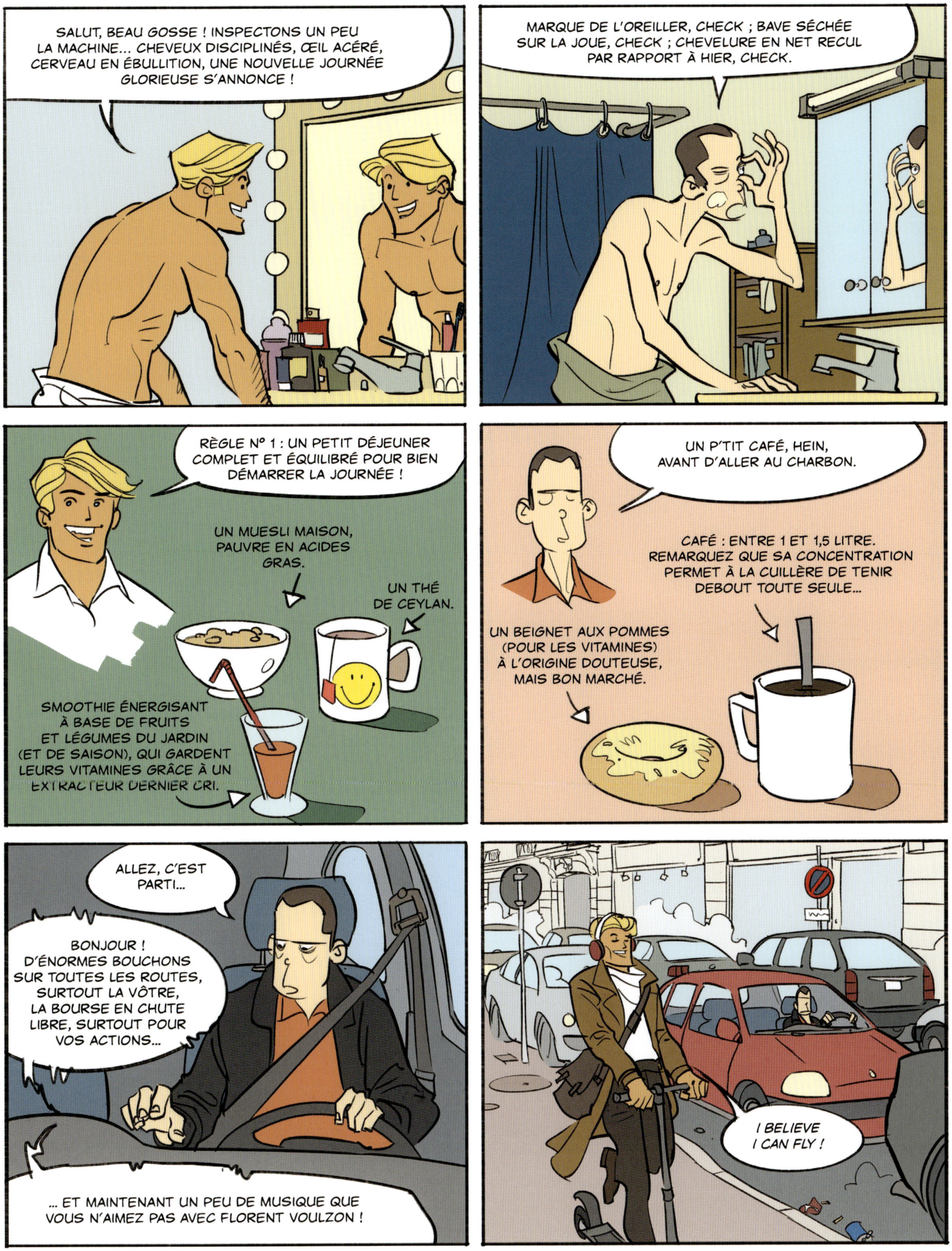

SALUT, BEAU GOSSE ! INSPECTONS UN PEU LA MACHINE... CHEVEUX DISCIPLINÉS, ŒIL ACÉRÉ, CERVEAU EN ÉBULLITION, UNE NOUVELLE JOURNÉE GLORIEUSE S'ANNONCE !
MARQUE DE L'OREILLER, CHECK ; BAVE SÉCHÉE SUR LA JOUE, CHECK ; CHEVELURE EN NET RECUL PAR RAPPORT À HIER, CHECK.
RÈGLE N° 1 : UN PETIT DÉJEUNER COMPLET ET ÉQUILIBRÉ POUR BIEN DÉMARRER LA JOURNÉE !
UN MUESLI MAISON, PAUVRE EN ACIDES GRAS.
UN THÉ DE CEYLAN.
SMOOTHIE ÉNERGISANT À BASE DE FRUITS ET LÉGUMES DU JARDIN (ET DE SAISON), QUI GARDENT LEURS VITAMINES GRÂCE À UN EXTRACTEUR DERNIER CRI.
UN P'TIT CAFÉ, HEIN, AVANT D'ALLER AU CHARBON.
CAFÉ : ENTRE 1 ET 1,5 LITRE. REMARQUEZ QUE SA CONCENTRATION PERMET À LA CUILLÈRE DE TENIR DEBOUT TOUTE SEULE...
UN BEIGNET AUX POMMES (POUR LES VITAMINES) À L'ORIGINE DOUTEUSE, MAIS BON MARCHÉ.
ALLEZ, C'EST PARTI...
BONJOUR ! D'ÉNORMES BOUCHONS SUR TOUTES LES ROUTES, SURTOUT LA VÔTRE, LA BOURSE EN CHUTE LIBRE, SURTOUT POUR VOS ACTIONS...
... ET MAINTENANT UN PEU DE MUSIQUE QUE VOUS N'AIMEZ PAS AVEC FLORENT VOULZON !
I BELIEVE I CAN FLY !

ENFANTS : TES ENFANTS, TU LES AIMES TRÈS FORT, SURTOUT QUAND ILS DORMENT. À EUX DEUX, ILS SONT AUSSI PÉNIBLES QU'UNE COLONIE DE VACANCES DE TRENTE GOSSES. TU PASSES TON TEMPS À LES EMPÊCHER DE SE BLESSER, VOIRE DE S'ÉTRIPER.
FEMME : TA FEMME, TU L'AIMES TRÈS FORT AUSSI, QUAND IL TE RESTE UN PEU DE TEMPS, QUAND LES ENFANTS SONT EN VACANCES CHEZ PAPI ET MAMIE.
L'AUTRE : L'AUTRE, C'EST MOI, C'EST TOI, C'EST NOUS. UN MEC NORMAL, QUI AIMERAIT AVOIR LA WIN, QUI ESSAIE DE BIEN FAIRE MAIS QUI, MALGRÉ SA BONNE VOLONTÉ, RATE À PEU PRÈS TOUT CE QUE LE BLOND RÉUSSIT DE FAÇON SI NATURELLE...

PREVIOUSLY, CHEZ LE BLOND

ENFANTS : PITCHOUNOU ET LOULOUTE, COMME LES APPELLE LEUR BLOND DE PÈRE – ON IGNORE TOUJOURS QUELS SONT LEURS VRAIS PRÉNOMS. FÉRUS (COMME ILS DISENT) DE MOTS CROISÉS, DE LECTURE, DE JARDINAGE, DE PEINTURE, DE WATER-POLO, DE THÉÂTRE ET D'UNE MULTITUDE D'ACTIVITÉS TOUTES PLUS SAINES LES UNES QUE LES AUTRES POUR LE CORPS ET L'ESPRIT.
FEMME : CONTRAIREMENT À TOUS LES AUTRES MEMBRES DE LA FAMILLE, ELLE A DE MAGNIFIQUES CHEVEUX D'UN ROUX FLAMBOYANT COMME UN CHAMP DE BLÉ EN FEU PENDANT UN COUCHER DE SOLEIL AU MOIS DE JUILLET.
LE BLOND : UN TYPE ÉNERVANT DE PERFECTION, SPORTIF ET INTELLO, MAIS VRAIMENT SYMPA ET SERVIABLE. C'EST DIFFICILE DE LUI EN VOULOIR.

LE BLOND A UN TROISIÈME BLOND (1)

POC
ALORS COMME ÇA T'AS UN P'TIT NOUVEAU ?
JE SUPPOSE QUE T'AS ACCOUCHÉ TA FEMME TOI-MÊME ?
M'EN PARLE PAS ! J'AURAIS A-DO-RÉ !!
J'AI DÛ REMPLACER AU PIED LEVÉ LE CHIRURGIEN DE GARDE QUI AVAIT MANGÉ DU HOMARD PÉRIMÉ.
IL A FALLU QUE JE GÈRE UN TRIPLE PONTAGE, ENTRE DEUX CIRCONCISIONS... MAIS J'AI PU ARRIVER À TEMPS POUR CHECKER L'EXPULSION DU PLACENTA.
ENCORE UNE CHANCE QUE MA DOUCE AIT LA DÉLIVRANCE DU GENRE EASY, VOIS-TU... ÇA SE FAIT TOUT SEUL : C'EST TRÈS PRATIQUE.

LE BLOND A UN TROISIÈME BLOND (2)

C'ÉTAIT UN « HEUREUX ACCIDENT », C'EST ÇA ?
AH MAIS ABSOLUMENT PAS ! TU SAIS, ON NE LAISSE JAMAIS RIEN AU HASARD !
NON, TU VOIS, ON VOULAIT PIMENTER UN PEU NOTRE QUOTIDIEN.
SORTIR DE NOTRE TRAIN-TRAIN : SPORT, ENFANTS, MÉTRO, BOULOT, SPORT, ENFANTS, DODO... ON SOMBRAIT DANS L'OISIVETÉ.
ET PUIS, SI TOUT LE MONDE S'ARRÊTAIT À DEUX ENFANTS, OÙ IRAIT LE MONDE ? IL FAUT FAIRE PERDURER L'ESPÈCE !
DE TOUTE FAÇON, MOI, POUR RIEN AU MONDE JE NE REVIVRAIS UN AUTRE ACCOUCHEMENT... QUELLE HORREUR, TOUT CE SANG, ÇA ME RAPPELLE ALIEN.
ET CETTE DOULEUR ATROCE, NAN, FRANCHEMENT...
AH MAIS MOI JE N'AI RIEN SENTI, J'AI CHOISI D'ACCOUCHER DANS L'EAU. RELAXANT POUR LA MAMAN, TOUT EN DOUCEUR POUR LE BÉBÉ.

WEEK-END... EN FAMILLE !

CE WEEK-END, C'EST DÉCIDÉ, TU EMMÈNES TOUT LE MONDE À LA CAMPAGNE !
PUISQU'ON EN PARLE, TU T'ES ENTRAÎNÉ À LA MONTER, DEPUIS LA DERNIÈRE FOIS ?
REPOSE CETTE TÉLÉ DANS LE SALON ! Y A DÉJÀ MÊME PLUS LA PLACE POUR METTRE LA TENTE !
HA HA ! TRÈS DRÔLE...
LA MÉTÉO N'ÉTANT PAS TRÈS SÛRE, J'AI PRIS LE COUPE-VENT AVEC LA POLAIRE AMOVIBLE POUR QUE ÇA NE PRENNE PAS TROP DE PLACE.
23 FOIS QU'ON ÉCOUTE CETTE CHANSON, C'EST AU MOINS 22 DE TROP !
LIBÉRÉÉÉ !! DÉLIVRÉÉÉE !!!
JE SUIS SÛR QU'EN FAISANT UN RECOURS COLLECTIF EN TANT QUE PARENTS-VICTIMES DE CE FLÉAU MUSICAL ON POURRAIT GAGNER UN PROCÈS.
ON FAIT UN BACCALAURÉAT ?
OH, SI ON JOUAIT AU JEU DES PLAQUES MINÉRALOGIQUES ?
MAIS, MAIS, QU'EST-CE QUI S'EST PASSÉ !?
CAMPIN
BEN TU SAIS, QUAND MES COPINES SONT VENUES À LA MAISON...
... ON AVAIT BESOIN DE TISSU POUR SE DÉGUISER...
DITES DONC, SI AU LIEU DE MONTER BÊTEMENT LA TENTE ON CONSTRUISAIT UNE CABANE EN RONDINS POUR LA NUIT, HEIN ?
QU'EST-CE QUE VOUS EN DITES, LES LOULOUS ?

SPORTS NAUTIQUES

MAIS MONTE, ENFIN, TU NE VAS PAS RESTER LÀ !
C'EST NUL. POURQUOI ON NE LOUE PAS UN JET-SKI ?
UN JET-SKI ? TU SAIS COMBIEN ÇA COÛTE ? ET PUIS CE N'EST PAS LA QUESTION, C'EST UN MOMENT CONVIVIAL EN FAMILLE. ON VA JOUER AUX INDIENS ET EXPLORER LA RIVIÈRE EN PÉDALO !
UN PETIT INDIEN ! UN PETIT INDIEN ! NAGAAAAWIKA !!!
SUPER, LES LOULOUS ! BIEN EN RYTHME, LA PAGAIE DANS L'EAU AUX TROIS QUARTS, LE MOUVEMENT AMPLE POUR ÉVITER DE ZIGZAGUER.
LE BLOND EST PLUS CANOË QUE PÉDALO...
JE T'AI DIT DE MONTER ! PAS DE SAUTER, ANDOUILLE !!
J'AI PAS PIED ! BLOUB !
TU PEUX ATTENDRE UNE SECONDE, OUI ?
MON SAC BOB L'ÉPONGE !!
JE PRENDS LES COMMANDES, PRÊTS POUR LES GRANDES CHUTES ?
OUIIII !
WOUAH, VOUS ÊTES SACRÉMENT COURAGEUX DE VOUS ÊTRE BAIGNÉS, L'EAU EST ENCORE SUPER FROIDE, À CETTE PÉRIODE !
ON EST UN AVENTURIER OU ON L'EST PAS, HEIN ?

BEAUX-PARENTS DU BLOND

LE BLOND S'ENTEND À MERVEILLE AVEC SES BEAUX-PARENTS, MONIQUE ET JEAN-MICHEL.
AAAH !! ENFIN VOUS VOILÀ ! JE PIAFFAIS COMME UN ENFANT PENDANT LA NUIT DE NOËL !
CHÉRIE ! TES PARENTS SONT LÀ !
JE SUIS DANS MON BAIN, TU VEUX BIEN LES ACCUEILLIR EN M'ATTENDANT, MON TRÉSOR D'AMOUR ? J'ARRIVE !
UN PEU PLUS TARD...
PAPA, MAMAN, JE SUIS ENFIN PRÊTE ! ÇA VA, TOUT SE PASSE BIEN ?
FRANCHEMENT, MONIQUE, CE CARRÉ DÉGRADÉ ET CETTE COULEUR... C'EST TOUT SIMPLEMENT MAGNIFIQUE !
ON VA ALLER FAIRE QUELQUES BOUTIQUES POUR QUE TA ROBE SOIT ASSORTIE. ÇA TE DIT ?
ET NOTRE TOURNOI DE BRIDGE, ALORS ? VOUS N'ALLEZ PAS NOUS FAIRE FAUX BOND SI PRÈS DE LA FINALE RÉGIONALE !

BEAUX-PARENTS DE L'AUTRE

MES CHERS BEAUX-PARENTS ! QUELLE JOIE DE VOUS RECEVOIR. SIX JOURS, VINGT-TROIS HEURES ET CINQUANTE-SEPT MINUTES DEPUIS VOTRE DERNIÈRE VISITE. C'EST TROP LONG ! ENFIN ! IL FAUT SE CONTENTER DE CE QUE L'ON A, ET L'ESSENTIEL, C'EST QUE VOUS SOYEZ LÀ !
AAAAH ! JE VOIS QUE VOUS N'AVEZ PAS OUBLIÉ NOTRE SCRABBLE HEBDOMADAIRE !
TOI, TU FAIS DES EFFORTS GIGANTESQUES, À LA LIMITE DE L'HYPOCRISIE...
COMMENT LE POURRAIS-JE, MON CHER BENARD-FRANCIS ! COMMENT LE POURRAIS-JE...
CHÉRIIIIE !!! TES PARENTS ! JE FAIS QUOI ?
BEN TU LES FAIS ENTRER, ANDOUILLE !
VOUS AVEZ QU'À DISCUTER PENDANT QUE JE FINIS DE M'ÉPILER.
ILS NE SONT POURTANT PAS BIEN MÉCHANTS...
DISCUTER...
OK, BIEN, BIEN, PARFAIT...
NOUS AUSSI, FAUDRA QU'ON DISCUTE, TOUT À L'HEURE...
BEN... ILS SONT OÙ, PAPA ET MAMAN ?
PARTIS.
QUOI ??
ON DISCUTAIT (COMME TU ME L'AVAIS SUGGÉRÉ), ET TON PÈRE A DEMANDÉ SI ON VIENDRAIT DIMANCHE À LA PROCESSION POUR LA BÉNÉDICTION DE SAINTE BRIGITTE DE LA PIÉTÉ...
... MAIS C'EST... ÉPIDERMIQUE !
ALORS JE LEUR AI SIMPLEMENT DIT QUE ÇA TOMBAIT MAL PARCE QU'ON AVAIT DÉCIDÉ D'ALLER À LA GAY PRIDE EN FAMILLE, ET ILS SONT PARTIS, FURAX. J'AI PAS COMPRIS CE QUI LEUR A PRIS.

SAINT-BRADOR

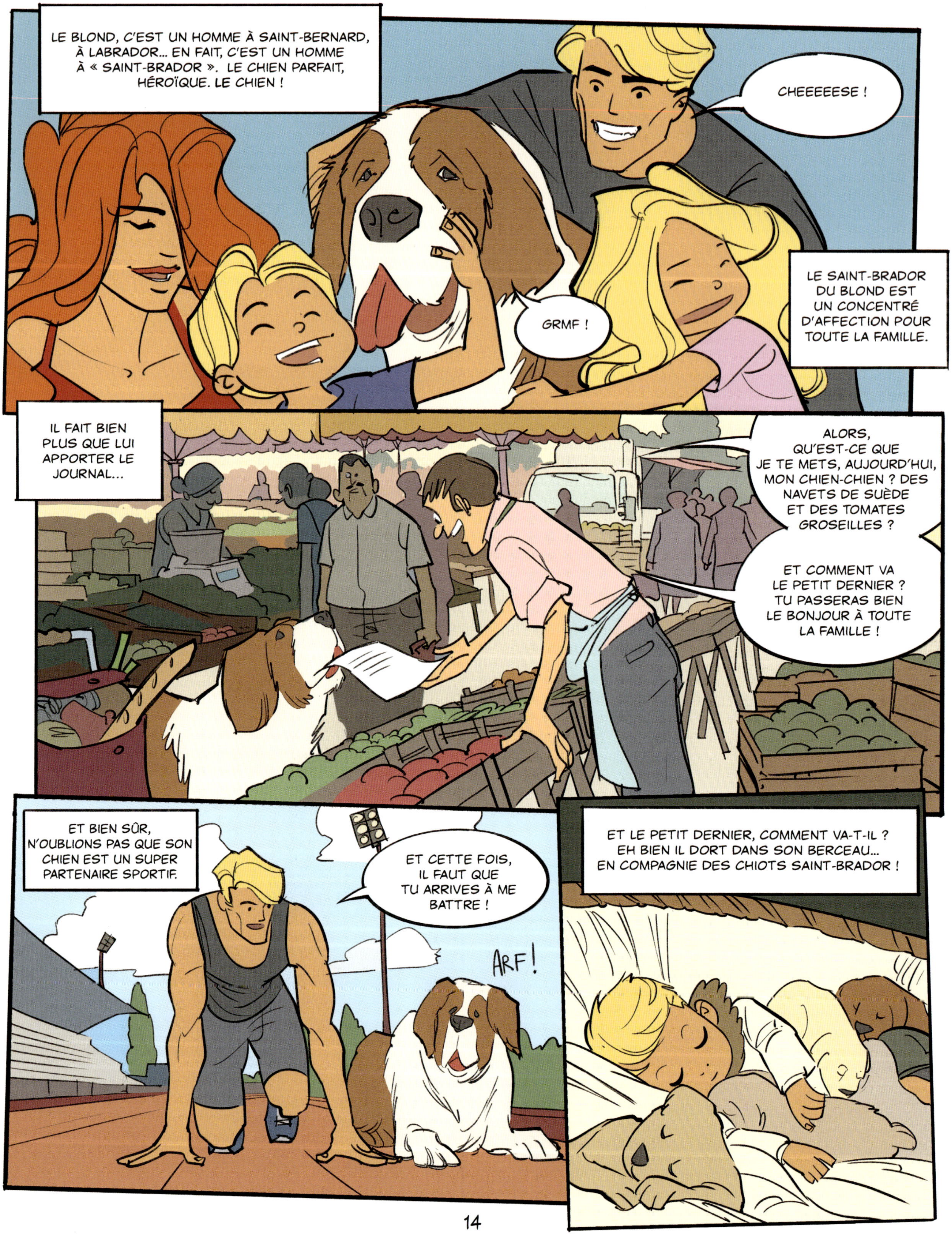
LE BLOND, C'EST UN HOMME À SAINT-BERNARD, À LABRADOR... EN FAIT, C'EST UN HOMME À « SAINT-BRADOR ». LE CHIEN PARFAIT, HÉROÏQUE. LE CHIEN !
CHEEEEESE !
GRMF !
LE SAINT-BRADOR DU BLOND EST UN CONCENTRÉ D'AFFECTION POUR TOUTE LA FAMILLE.
IL FAIT BIEN PLUS QUE LUI APPORTER LE JOURNAL...
ALORS, QU'EST-CE QUE JE TE METS, AUJOURD'HUI, MON CHIEN-CHIEN ? DES NAVETS DE SUÈDE ET DES TOMATES GROSEILLES ?
ET COMMENT VA LE PETIT DERNIER ? TU PASSERAS BIEN LE BONJOUR À TOUTE LA FAMILLE !
ET BIEN SÛR, N'OUBLIONS PAS QUE SON CHIEN EST UN SUPER PARTENAIRE SPORTIF.
ET CETTE FOIS, IL FAUT QUE TU ARRIVES À ME BATTRE !
ARF !
ET LE PETIT DERNIER, COMMENT VA-T-IL ? EH BIEN IL DORT DANS SON BERCEAU... EN COMPAGNIE DES CHIOTS SAINT-BRADOR !

CHIEN POURRI

TOI AUSSI, TU AS UN CHIEN. C'EST PAS TOUT À FAIT LE MÊME GENRE. À LA BASE, C'ÉTAIT POUR FAIRE PLAISIR AUX GOSSES.
TOUS LES ENFANTS ADORENT JOUER AVEC DES ANIMAUX...
ET IL SE TROUVE QUE TES ENFANTS SONT PARTICULIÈREMENT JOUEURS...
NATURELLEMENT, AVOIR UN ANIMAL, C'EST UNE RESPONSABILITÉ : IL FAUT S'EN OCCUPER !
CE QUE TU FAIS DE BONNE GRÂCE...
EN CONTREPARTIE, IL T'OBÉIT AU DOIGT ET À L'ŒIL !
COUCHÉ, LE CHIEN !
ALLEZ ! COUCHÉ !
COUCHÉ.
?
ET PUIS, IL FAUT LE RECONNAÎTRE, IL N'Y A PAS PLUS AFFECTUEUX QU'UN CHIEN !
04:20

LE TRAVAIL (1)

TOUS LES JOURS, LA SCIENCE PROGRESSE GRÂCE À CES HÉROS DES TEMPS MODERNES : LES CHERCHEURS.
LE BLOND, C'EST LA CRÈME DU CHERCHEUR. EN FAIT, IL NE CHERCHE PAS VRAIMENT, IL TROUVE... C'EST UN TROUVEUR.
IL N'Y A PAS DE PROBLÈME : QUE DES SOLUTIONS !
DIS DONC, JE NE VEUX PAS RATER LE CHAMPIONNAT D'ESCRIME DE PITCHOUNOU, SAMEDI. TU SERAIS D'ACCORD POUR ME REPRÉSENTER À LA CONFÉRENCE DE TOKYO ? EN PLUS, LE MÉRITE TE REVIENT AUSSI.
SI TU N'AVAIS PAS RENVERSÉ DE CAFÉ BOUILLANT SUR MES PIEDS, JE N'AURAIS JAMAIS EU CETTE INTUITION SUR LE TRANSFERT GRAVITATIONNEL DES FLUIDES THERMIQUES !
ATTENTION ! TU AS DES RESPONSABILITÉS, TOI AUSSI ! ET TU NE LES PRENDS PAS MOINS À CŒUR !
ALORS, MON VITO ! QUE NOUS APPRENDS-TU, AUJOURD'HUI ?JE NOTE QUE SI JE TE DONNE UN MORCEAU DE SUCRE,TU SEMBLES APPRÉCIER. MAIS SI JE T'EN DONNE DEUX, TU SEMBLES APPRÉCIER ENCORE PLUS. INTÉRESSANT, INTÉRESSANT...
ET SI JE T'EN DONNE TROIS ?
DISONS QUE VOS APPROCHES SONT... DIFFÉRENTES.
ET QUE TON BOULOT NE SUSCITE PAS UN ENTHOUSIASME DÉLIRANT.
GENTLEMEN, ON DÉBRIEFE RAPIDEMENT LES POINTS FORTS DE LA SEMAINE PASSÉE.
ALORS, SACHEZ QUE VITO AIME BEAUCOUP LE SU...
Z'ÊTES QUI ?
EUH, IL S'OCCUPE DES RATS.
AH OUI ! LES RATS. UN LABO SANS RATS NE SERAIT PAS UN LABO, HEIN ? PASSIONNANT...
EUH... JE NE M'OCCUPE PAS DES RATS, MAIS DES SOURIS...
BON, TRÊVE D'AMUSEMENTS. C'EST INJUSTE, JE SAIS, MAIS ON VA PASSER TON TOUR. DEUX PRIX NOBEL ET UNE MÉDAILLE D'OR AUX JO INTER-ENTREPRISES, TU VAS FINIR PAR DÉMORALISER LES TROUPES !
HA HA HA...
BON ! EXCELLENTE RÉUNION ! ALLONS DÉJEUNER, TU ME RACONTERAS TOUT ÇA.

LE TRAVAIL (2)

AU BOULOT, LE BLOND TUTOIE TOUT LE MONDE.
JOSÉ, COMMENT VAS-TU, VIEILLE CANAILLE ?
SALUT BRIGITTE, QUELLE ALLURE !
HEY, MICHEL, ON DÉJ' ENSEMBLE ?
OK, J'AI OUBLIÉ MON BADGE... MAIS, ENFIN, JE VOUS CROISE TOUS LES JOURS DEPUIS HUIT ANS !!
VIGILANCE RENFORCÉE, MONSIEUR, PAS D'EXCEPTION. IL FAUT QUE J'APPELLE LES RH.
SALUT, BIG BOSS !
FOU PREND CAVALIER EN D4. ÉCHEC ET MAT.
SACREBLEU ! ENCORE PERDU !!
COMMENT VONT PITCHOUNOU ET LOULOUTE ?
À LA PERFECTION : TIENS, ILS T'ONT FAIT DES MUFFINS.
LE BLOND TUTOIE MÊME LE BIG BOSS !
J'AI RÉFLÉCHI À CETTE POSSIBILITÉ DE FUSIONNER AVEC LA NASA. JE TE LE DIS TOUT NET : TU DEVRAIS GARDER TON INDÉPENDANCE.
OK ! JOCELYNE ! ENVOYEZ LA NASA SE FAIRE FOUTRE. ET METTEZ-Y LES FORMES, MON PETIT !
SON AVIS COMPTE, AU BLOND !
TOI, LE BIG BOSS NE TE CONNAÎT PAS. TU DOIS PASSER PAR JOSÉ, TON "N+1".
JE ME FICHE DU SPECTACLE DE DANSE DE VOTRE FILLE. MOI AUSSI, J'AI DES SPECTACLES DE DANSE, ON A TOUS DES SPECTACLES DE DANSE. VOUS N'AVEZ PAS D'EXCUSE : TROIS RETARDS EN UNE SEMAINE !
MAIS C'EST LE GARDIEN !! IL ME DÉTESTE !
BON, POUR UNE FOIS, JE NE VOUS AI PAS FAIT VENIR POUR VOUS FLAGELLER. JE VOUS SOLLICITE POUR UNE MISSION DE LA PLUS HAUTE IMPORTANCE. IL EN VA DE L'AVENIR DE LA BOÎTE.
ON ORGANISE UNE FÊTE SURPRISE POUR L'ANNIVERSAIRE DU BIG BOSS. JE VOUS CHARGE DE LA COLLECTE POUR LE CADEAU COMMUN. C'EST UN GRAND HONNEUR. NE ME REMERCIEZ PAS !
BAM !

PÉPÉ

FRANCHEMENT, PÉPÉ, LA RECHERCHE, C'EST PLUS CE QUE C'ÉTAIT. TOUT LE MONDE S'EN FOUT, CE QUI COMPTE, C'EST LE RÉSULTAT !
ET QU'EST-CE QUE TU RECHERCHES COMME ÇA, MON GARS ?
PASSE-MOI LES PISTACHES, TU VEUX ?
QUAND JE PENSE À TOUT LE MAL QUE JE ME DONNE AU QUOTIDIEN ! MAIS TOUT LE MONDE S'EN FICHE, DES ALLERGIES ALIMENTAIRES DES SOURIS !
BEN, IL FAUT DIRE...
DES MOIS DE TRAVAIL, ET JE TE PARLE PAS DES HEURES SUP' !
HIER, JOSÉ A MÊME DIT : « IL S'OCCUPE DES RATS. » IL NE SAIT MÊME PAS FAIRE LA DIFFÉRENCE ENTRE UNE SOURIS ET UN RAT !
JE PIGE PAS BIEN CE QUE TU FABRIQUES, FISTON. T'EN AS PAS MARRE DE CHERCHER POUR RIEN ? TU LEUR FAIS QUOI À TES SOURIS, EXACTEMENT ? FAUT DU CONCRET, MON GRAND, DU CONCRET !
TIENS, MOI, PAR EXEMPLE, LE JOUR OÙ J'AI MONTRÉ À MON PATRON QU'ON POUVAIT PRODUIRE 550 CASSEROLES À LA JOURNÉE AU LIEU DE 470 EN METTANT DES CLAPETS DE 12 SUR LA FRAISEUSE, IL M'A PLUS JAMAIS REGARDÉ PAREIL.
MÊME UNE FOIS, IL M'A PAYÉ UN PORTO !
MAIS C'ÉTAIT UN AUTRE TEMPS. ON CROYAIT ENCORE AUX JOURS MEILLEURS, AUX LENDEMAINS QUI CHANTENT. LES GENS AVAIENT DES IDÉAUX...
MAIS PÉPÉ, LA RECHERCHE, C'EST L'AVENIR, TU COMPRENDS PAS...
BOF !

POT DE DÉPART

ÉVÉNEMENT MAJEUR : LE BLOND QUITTE SON POSTE !
LIBERAMA
CONFIDENCES "CE N'EST QU'UN AU REVOIR !"
CES CERVEAUX QUE LE MONDE NOUS ENVIE...
IL PART !
LE BLOND, QUAND IL PREND LE LARGE, C'EST GENRE COMME ÇA :
MAIS POUSSEZ-VOUS !
UN PETIT MOT POUR E-BUSINESS ?
POUVEZ-VOUS EN DIRE PLUS À NOS 15 MILLIONS DE TÉLÉSPECTATEURS ?
C'EST EN DIRECT !
ALLONS...
TV
MONSIEUR ?
ON NE TOUCHE À RIEN, ON VOUS GARDE VOTRE BUREAU. J'ARROSERAI PERSONELLEMNT LE BONSAÏ.
CONFIRMEZ-VOUS QUE VOUS ALLEZ CRÉER UNE FONDATION POUR LA RECHERCHE EN DÉCOUVERTES PRIMORDIALES ?
ALLONS...
IL Y AURA TOUJOURS UNE PLACE AU MINISTÈRE !
CHIPS
Bonjour à tous. J'ai fait un super bout de chemin en votre compagnie. Avant de vous quitter, je vous invite au pot de l'amitié dans l'open space jeudi à 17h.
AUTRE ÉVÉNEMENT MAJEUR : TOI AUSSI, TU PARS !
QUAND TU QUITTES TON JOB, C'EST PLUTÔT ÇA :
BON, BAH MERCI À TOUS, SURTOUT À TOI, JEAN-MICH', DE M'AVOIR APPRIS COMMENT AVOIR DU RAB AU SELF...
ET À TOI, BRIGITTE, D'AVOIR SUPPORTÉ MES SAUTES D'HUMEUR.
BREF. C'EST PAS DU TOUT LA MÊME AMBIANCE...
VLON
BAH, VOUS ÊTES ENCORE LÀ, VOUS ?

REPAS DE FAMILLE

T'AS QU'À DIRE QUE JE SUIS MALADE.
DÉJÀ, LA DERNIÈRE FOIS, J'AI DÛ DIRE QUE TU AVAIS UNE RÉUNION DE TRAVAIL, UN DIMANCHE, N'IMPORTE QUOI ! CETTE FOIS, TU VIENS !
IL Y A DES DIMANCHES OU TU PRÉFÉRERAIS QU'ON SOIT LUNDI.
TU DÉBORDES D'IMAGINATION POUR RETARDER LA CONFRONTATION.
ZUT ! ON A OUBLIÉ LE GÂTEAU À LA MAISON !
TU TE MOQUES DE MOI ? JE T'AI DEMANDÉ AU MOINS TROIS FOIS !
PAF!
ÉCOUTE, JE FAIS L'ALLER-RETOUR, COMMENCEZ SANS MOI.
TU L'AS FAIT EXPRÈS, C'EST VRAIMENT NUL !
IL FAUT DIRE QUE TU AS DES CIRCONSTANCES ATTÉNUANTES. IL Y A UNE BONNE MOITIÉ DE LA FAMILLE QUI PENSE QUE TU ES LE MODÈLE TYPE DU BON À RIEN...
AH TIENS, JEAN-LOUIS VIENT D'ÊTRE NOMMÉ DIRECTEUR COMMERCIAL ! ET TOI, À QUAND LA PROMOTION?
HEIN ?
CHMURM ?
POUM
... ET L'AUTRE MOITIÉ QUI CONSIDÈRE... QUE TU ES UN BON À RIEN !
MA FILLE ME PARLAIT DE VOS DERNIÈRES VACANCES, SI ON PEUT APPELER ÇA DES VACANCES. VOUS DEVRIEZ FAIRE APPEL À UN VOYAGISTE. ENFIN, FAITES COMME VOUS VOULEZ, MAIS NOUS ON PENSE À NOS PETITS-ENFANTS...
EUH...
NE LE PRENEZ PAS MAL, HEIN.
SI TU NE REVIENS PAS À TABLE DANS DIX SECONDES, JE DEMANDE LE DIVORCE...
LE PIRE, C'EST QUAND ÇA SE PASSE CHEZ TOI.
NATURELLEMENT, CHEZ LE BLOND, C'EST UN PEU DIFFÉRENT...
CHÉRIE, IL FAUT QUE JE TE DISE...
J'AI INVITÉ TA FAMILLE POUR LE WEEK-END. ON SERA 18 ADULTES ET 7 ENFANTS. JE SAIS QUE C'EST BEAUCOUP D'AGITATION, MAIS JE M'OCCUPERAI DE TOUT.

BLABLABLA BELLE-FAMILLE DE CASOS...
MHHH...
BLABLA ENFANTS INSUPPORTABLES...
MHHH...
BLABLABLA JOB DE MERDE BLABLA...
MHHH...
MÈRE CASTRATRICE, BLABLABLA, PÈRE ABSENT...
MHHH...
VOUS DEVRIEZ PRENDRE UN PEU DE REPOS. UNE SEMAINE À LA CAMPAGNE, HEIN ? HISTOIRE DE VOUS REQUINQUER UN PEU !
CELA FERA 80 EUROS. CHÈQUE OU ESPÈCES.

ALLONS, DOCTEUR, PAS DE CHICHIS ENTRE NOUS ! IL Y A FORCÉMENT QUELQUE CHOSE !
ÉCOUTEZ, JE NE VOIS VRAIMENT PAS. ET CE N'EST PAS FAUTE DE CHERCHER !
MAIS J'AIMERAIS TANT AVOIR RIEN QU'UNE CRISE D'ANGOISSE OU UNE PETITE DÉPRIME... AU MOINS UNE FOIS, POUR VOIR COMMENT ÇA FAIT.
JE POURRAIS ÉCRIRE DES POÈMES OU, JE NE SAIS PAS, COMPOSER UN ALBUM DE CHANSONS TRISTES ! AVOIR LE SPLEEN ! MA VIE EST UN TEL CIEL BLEU SANS LA MOINDRE TRACE DE NUAGE...

SORTIE CINÉ

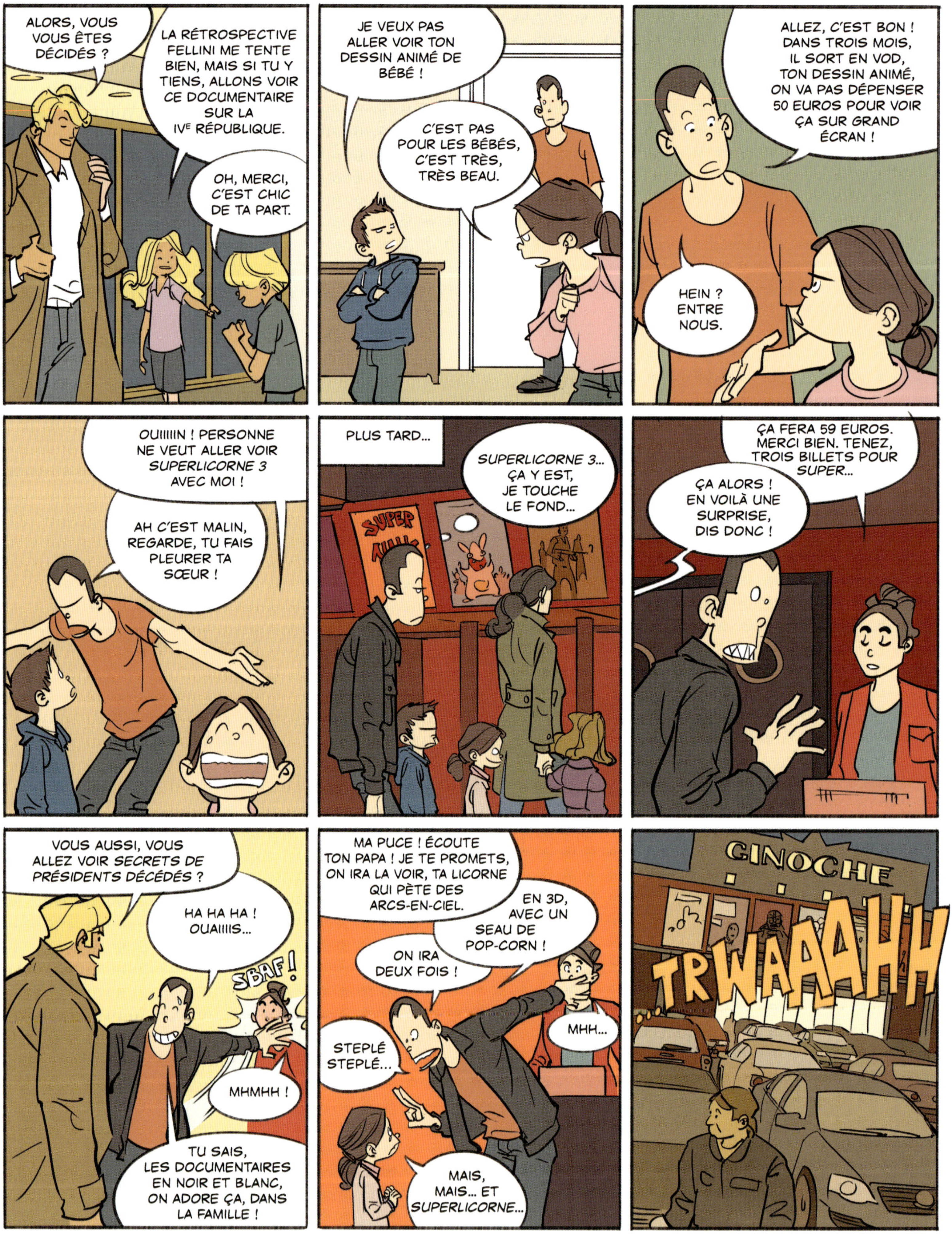

ALORS, VOUS VOUS ÊTES DÉCIDÉS ?
LA RÉTROSPECTIVE FELLINI ME TENTE BIEN, MAIS SI TU Y TIENS, ALLONS VOIR CE DOCUMENTAIRE SUR LA IVE RÉPUBLIQUE.
OH, MERCI, C'EST CHIC DE TA PART.
JE VEUX PAS ALLER VOIR TON DESSIN ANIMÉ DE BÉBÉ !
C'EST PAS POUR LES BÉBÉS, C'EST TRÈS, TRÈS BEAU.
ALLEZ, C'EST BON ! DANS TROIS MOIS, IL SORT EN VOD, TON DESSIN ANIMÉ, ON VA PAS DÉPENSER 50 EUROS POUR VOIR ÇA SUR GRAND ÉCRAN !
HEIN ? ENTRE NOUS.
OUIIIIIN ! PERSONNE NE VEUT ALLER VOIR SUPERLICORNE 3 AVEC MOI !
AH C'EST MALIN, REGARDE, TU FAIS PLEURER TA SŒUR !
PLUS TARD...
SUPERLICORNE 3... ÇA Y EST, JE TOUCHE LE FOND...
SUPER
ÇA FERA 59 EUROS. MERCI BIEN. TENEZ, TROIS BILLETS POUR SUPER...
ÇA ALORS ! EN VOILÀ UNE SURPRISE, DIS DONC !
VOUS AUSSI, VOUS ALLEZ VOIR SECRETS DE PRÉSIDENTS DÉCÉDÉS ?
HA HA HA ! OUAIIIS...
SBAF !
MHMHH !
TU SAIS, LES DOCUMENTAIRES EN NOIR ET BLANC, ON ADORE ÇA, DANS LA FAMILLE !
MA PUCE ! ÉCOUTE TON PAPA ! JE TE PROMETS, ON IRA LA VOIR, TA LICORNE QUI PÈTE DES ARCS-EN-CIEL.
EN 3D, AVEC UN SEAU DE POP-CORN !
ON IRA DEUX FOIS !
MHH...
STEPLÉ STEPLÉ...
MAIS, MAIS... ET SUPERLICORNE...
GINOCHE
TRWAAAHH

PEINTURE ET COLORIAGE

JE VAIS FAIRE UNE PEINTURE POUR LA FÊTE DES MÈRES !
ALORS, OÙ SONT LE VERT ÉMERAUDE ET LE ROUGE CARMIN....
LA LA LA...
MAMAN, IL EST OÙ MON FEUTRE À PAILLETTES BLEUES ? JE VEUX FAIRE UN COLORIAGE, ET C'EST LA PLUS BELLE COULEUR !
SI J'AI PAS MON FEUTRE À PAILLETTES BLEUES, MON COLORIAGE, IL SERA SUPER NUL, ET T'AURAS PAS DE CADEAU POUR LA FÊTE DES MÈRES !
QUE PENSES-TU D'UN CONTRE-JOUR AVEC UNE LUMIÈRE FROIDE POUR CRÉER LA COMPLÉMENTAIRE ?
JE TE FAIS CONFIANCE, MON ANGE, CEPENDANT, À TA PLACE, J'OPTERAIS POUR UNE COMPOSITION DÉCENTRÉE.
FAIS ATTENTION, BON SANG, TU EN METS PARTOUT !
JE TE SIGNALE QUE C'EST POUR TOI QUE JE FAIS TOUT ÇA !
EN PLUS T'Y CONNAIS RIEN ! T'ES TOUJOURS EN TRAIN DE CRITIQUER CE QUE JE FAIS !
J'AI FINI MA LICORNE, MON PAPOUNET ! TU CROIS QUE ÇA VA PLAIRE À MAMAN ?
J'EN SUIS CERTAIN !
C'EST UN DESSIN À LA HAUTEUR DE LA BEAUTÉ IMMACULÉE DE TA MAMAN... NÉANMOINS...
TU SAIS QUE LA LICORNE EST UN QUADRUPÈDE ET RÉPOND DE LA MORPHOLOGIE CHEVALINE. IL VA DONC FALLOIR AJUSTER LA TAILLE AU GARROT SI TU VEUX ÊTRE PRÉCISE, LOULOUTE.
TU AS VU, PAPA ? ELLE EST BELLE, HEIN ?
EUH... OUI. QUI ?
BEN MA LICORNE ! ÇA VA LUI PLAIRE, À MAMAN, HEIN ?
JE NE SAIS PAS, MA PUCE...
ON SE CROISE, AVEC TA MÈRE, EN CE MOMENT...
JE NE SAIS PLUS TROP CE QU'ELLE AIME...

CHEF-D'ŒUVRE DE LA FILLE DE L'AUTRE

Jé pas déssiné papa la parssekil est parti tué un dragon parssekil est tré courajeu.
La cé le château ou je vis avec toi maman et aussi avec papa.
la niche, cé pour mon fraire.
Cé pas fini de colorier car papa a dit qu'on devait allé faire lé course au supermarché.

Ma maman d'amour je té fé la plus belle de toutes lé princesse pour la faite dé mère, plus belle que cèle de Zoé. Zoé elle dit que la princesse kelle a dessiné pour sa maman elle é plus belle mé enfête elle a copier sur le magasine de la reine des neiges que sa maman lui a acheter alors cé tro facile et en plus sa mère elle resenble tro pas a la reine des neiges alors que toi ma maman d'amour tu é la plus belle même si papa dit que ta grossi.

Quand je seré grande moi aussi je feré de la licorne comme ma princesse. Je veux pas faire du cheval moi. Et ossi la licorne elle fé dé caca arcanciaile.

CHEF-D'ŒUVRE DE LA FILLE DU BLOND

Ma très chère maman, voici mon cadeau pour la fête des Mères. Je t'ai représentée sous les traits d'Ilmladri, la déesse de l'Amour et de la Compassion dans la mythologie lettone. Tu chevauches la licorne magique Aseldùr. Ta pose, noble et déterminée, témoigne de ta force de caractère. Ton regard est amour et bienveillance.

J'ai fait de mon mieux pour te dessiner, mais il est impossible de révéler ta beauté sur un tableau. Tu es encore plus belle en vrai. Je tiens à te dire à quel point je t'aime, ma merveilleuse maman. Tu es la meilleure d'entre toutes, et j'espère pouvoir t'égaler quand je deviendrai mère à mon tour.

L'AUTRE À L'HÔPITAL

J'ATTENDS DEPUIS PRÈS DE QUATRE HEURES, VOUS VOUS RENDEZ COMPTE ? SI ON CALCULE EN ÂGE DE CHIEN, ÇA FAIT PLUS DE DEUX SEMAINES !
URGENCES
JE COMPRENDS, MONSIEUR, MAIS VOYEZ PAR VOUS-MÊME, LES UR...
AAAH, OUUH ÇA ME LANCE ! JE SENS QUE JE PARS, MES JAMBES NE RÉPONDENT PLUS.
SI VOUS AVEZ FAIT LE DIAGNOSTIC D'ENTRÉE ET QUE VOUS ÊTES LÀ, C'EST QU'IL Y A DES PATIENTS PRIORITAIRES, NOUS DEVONS NOUS OCCUPER DES CAS GRAVES...
JE VAIS M'ÉVANOUIR...
MAIS VOUS NE COMPRENEZ PAS, C'EST TRÈS GRAVE ! VOUS AVEZ ENTENDU PARLER DE LA GANGRÈNE ? VOUS AVEZ VU LE REPORTAGE HIER SUR LA GUERRE DE 14-18 ? JE SAIS QUE C'EST GRAVE.
AH, MONSIEUR, VOUS VOILÀ !
L'INTERNE VOUS A PRÉPARÉ UNE ORDONNANCE : DONC DU BOBOCHOC EN MASSAGE SUR L'ECCHYMOSE, ET DANS TROIS JOURS IL N'Y PARAÎTRA PLUS.
...

LE BLOND À L'HÔPITAL

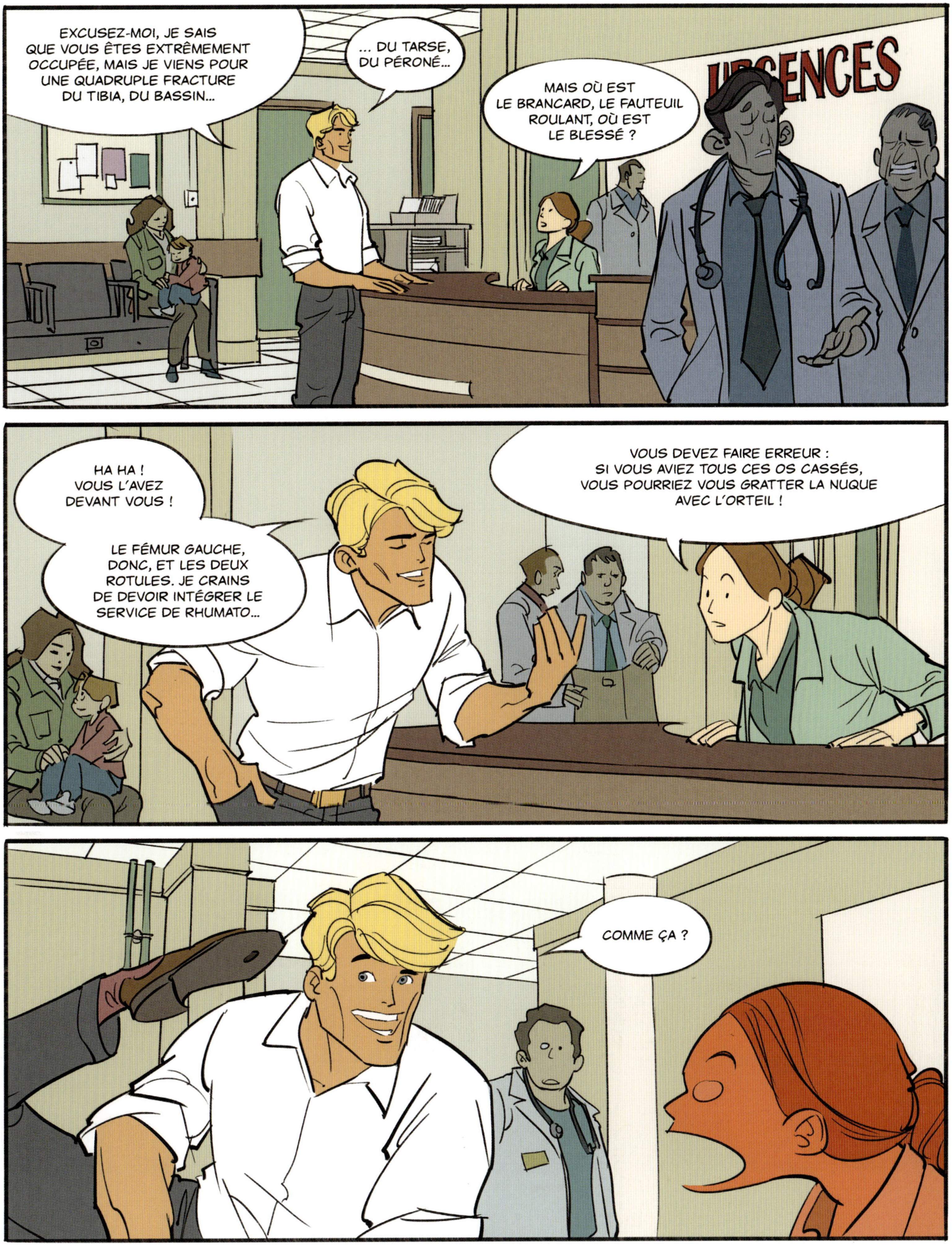
EXCUSEZ-MOI, JE SAIS QUE VOUS ÊTES EXTRÊMEMENT OCCUPÉE, MAIS JE VIENS POUR UNE QUADRUPLE FRACTURE DU TIBIA, DU BASSIN...
... DU TARSE, DU PÉRONÉ...
MAIS OÙ EST LE BRANCARD, LE FAUTEUIL ROULANT, OÙ EST LE BLESSÉ ?
HA HA ! VOUS L'AVEZ DEVANT VOUS !
LE FÉMUR GAUCHE, DONC, ET LES DEUX ROTULES. JE CRAINS DE DEVOIR INTÉGRER LE SERVICE DE RHUMATO...
VOUS DEVEZ FAIRE ERREUR : SI VOUS AVIEZ TOUS CES OS CASSÉS, VOUS POURRIEZ VOUS GRATTER LA NUQUE AVEC L'ORTEIL !
COMME ÇA ?

UN PEU BOURRÉ

EH BIEN, JE ME SENS UN PEU POMPETTE, MOI !
TU TE SOUVIENS DE CETTE SOIRÉE APRÈS LE BAC, DANS LE PAVILLON DE CHASSE DE MON PÈRE, EN TOURAINE ?
BEEEUH... VAGUEMENT.
TU ÉTAIS DANS UN BEL ÉTAT !
POUR NOTRE ANNIVERSAIRE DE MARIAGE, IL M'A EMMENÉE À VENISE...
IL Y AVAIT UNE COUSINE SUÉDOISE QUI PASSAIT L'ÉTÉ CHEZ NOUS. TU AVAIS EU LE COUP DE FOUDRE. ELLE T'A GENTIMENT ÉCONDUIT MAIS TU N'AS RIEN VOULU ENTENDRE, TOI, TU ÉTAIS CHAUD BOUILLANT, ALORS TU AVAIS ENTREPRIS DE DESCENDRE LA RÉSERVE DE COGNAC.
AH OUAIS, ÇA ME REVIENT, C'ÉTAIT UNE VRAIE BOMBE, TA COUSINE !
UNE PLUIE DE PÉTALES DE ROSES NOUS ATTENDAIT LORSQUE NOUS AVONS MIS LES PIEDS À L'HÔTEL... MAGIQUE !
BIEN SÛR, VOUS N'ÉTIEZ PAS ENCORE MARIÉS, À L'ÉPOQUE, MAIS TU SORTAIS DÉJÀ AVEC SOPHIE. JE M'ÉTAIS DONNÉ TELLEMENT DE MAL POUR VOUS METTRE ENSEMBLE, ÇA A ÉTÉ DE LA HAUTE VOLTIGE POUR ÉVITER LE DRAME !
OUAIS, OUAIS...
OH ! MOI, CE N'EST PAS UN ROMANTIQUE, MON HOMME, MAIS JE L'AIME COMME ÇA, C'EST UN GENTIL.
HA HA ! QUAND J'Y PENSE !
OUAIS...
MAIS JE PARLE, JE PARLE, ET JE NE REGARDE PAS L'HEURE !
CHÉRI, ON Y VA ? IL FAUT QU'ON LIBÈRE LA BABY-SITTER ! JE VAIS CONDUIRE, SI TU VEUX.
NON MAIS OH, TU VAS TE CALMER, OUI ? TU ME PARLES PAS COMME ÇA ! OOOHHH, ÇA VA, HEIN ?! ON PARLE D'UN TRUC D'IL Y A VINGT ANS, ET TOI, TU ME SAUTES DESSUS !
NON MAIS T'AS VU COMMENT ELLE ME PARLE ?!

BARBECUE

JE PEUX T'AIDER À FAIRE QUELQUE CHOSE ?
OUI, PASSE-MOI LE SAC DE CHARBON DERRIÈRE TOI. NON, PAS CELUI-LÀ, LE 02. CHÊNE DE PENNSYLVANIE.
ÇA VA MAINTENIR LE FEU À 180, 185° CELSIUS. IDÉAL, POUR DES BROCHETTES.
AH OUAIS, C'EST POINTU, QUAND MÊME !
MOI, J'AI ABDIQUÉ : C'EST TOUJOURS TROP OU PAS ASSEZ CUIT, PERSONNE N'EST CONTENT. J'AI ACHETÉ UNE PIERRADE, ET DÉBROUILLEZ-VOUS AVEC VOS CHIPOS !
TOUT EST DANS LE CHOIX DU CHARBON !
CHARBO
N°2
LES ENFANTS, DESCENDEZ ! C'EST UN CHIEN, PAS UN PONEY !
OH, IL EN A VU D'AUTRES, AVEC CES DEUX COQUINS. IMAGINE-TOI QU'À NOËL DERNIER ILS LUI AVAIENT FABRIQUÉ UN TRAÎNEAU POUR TRANSPORTER LES CADEAUX QU'ILS AVAIENT FABRIQUÉS ET QU'ILS DISTRIBUAIENT AUX VOISINS !
J'AVOUE QUE J'AI DU MAL À IMAGIN...
HEY ! ET SI VOUS AIDIEZ PLUTÔT VOS COPAINS À METTRE LA TABLE, HEIN ?
COMMENT ÇA, MOI NON PLUS, JE FAIS RIEN ? PARCE QUE TU CROIS QU'IL SUFFIT D'APPUYER SUR LA TÉLÉCOMMANDE ET QUE ÇA SE FAIT TOUT SEUL ? ET LE CHARBON, HEIN, QU'EST-CE QUE TU Y CONNAIS, AU CHARBON ? RIEN DU TOUT.
OUI, EH BIEN J'AI PEUT-ÊTRE UNE PIERRADE, MAIS JE SAIS QUE POUR LES BROCHETTES AU BARBECUE TRADITIONNEL, IL FAUT DU CHÊNE DE PATAGONIE, ET TOI, TU LE SAIS, TOI ? ET QU'IL FAUT UNE TEMPÉRATURE DE 360° FAHRENHEIT, HEIN, HEIN ? ALORS VA JOUER AUX BILLES ET LAISSE LES GRANDES PERSONNES TRAVAILLER.
COMMENT VEUX-TU QU'ILS S'EN SORTENT PLUS TARD SI ON NE LEUR DONNE PAS LES BASES ?

BABY-SITTING

LA BABY-SITTER DES ENFANTS DU BLOND, ELLE MET MARY POPPINS À L'AMENDE.
AH, VOUS ÊTES LÀ ! VOUS AVEZ PASSÉ UNE BONNE SOIRÉE ? LES ENFANTS SE SONT ENDORMIS TRÈS VITE, ILS N'ONT PAS RÉSISTÉ À UNE BONNE PARTIE D'ÉCHECS. J'AI PRÉPARÉ UN FONDANT AU CHOCOLAT, SERVEZ-VOUS !
TOI, TU ENCHAÎNES LES ENTRETIENS D'EMBAUCHE.
BON, VOILÀ : 19 H : DÎNER. 20 H : BROSSER LES DENTS. 21 H : EXTINCTION DES FEUX.
AH LÀ LÀ ! C'EST FOU CE QU'IL A L'AIR ÉVEILLÉ !
AH ÇA, C'EST SÛR, C'EST UN PETIT GARÇON TRÈS ÉVEILLÉ !
NON MAIS JE PARLAIS DU CHAT...
MIOU ?
EH BIEN, TU PARS DÉJÀ ? MAIS NOUS NE T'AVONS MÊME PAS PAYÉE !
ILS SE SONT ENDORMIS AU BOUT D'UNE HEURE... ET PUIS J'AI EMPRUNTÉ VOTRE ENCYCLOPÉDIE SUR LA DANSE CONTEMPORAINE. DISONS QU'ON EST QUITTES !
À FORCE DE PATIENCE, TU FINIS PAR TROUVER.
SEULEMENT TOI, MOI, ET PLEIN DE POP-CORN. C'EST UN CONTE DE FÉES. J'AI L'IMPRESSION DE RENAÎTRE !
LE RETOUR À LA RÉALITÉ PEUT ÊTRE RUDE.
OH OH... 32 APPELS EN ABSENCE !
C'EST PAS BON...
PARFOIS MÊME TRÈS RUDE...
ÇA FERA 30 EUROS POUR LES TROIS HEURES DE GARDE...
... PLUS 429 EUROS DE FRAIS POUR LE TÉLÉPHONE CASSÉ ET LES SÉANCES CHEZ L'OSTÉO.

SORTIE SCOLAIRE

TOI ? VOLONTAIRE POUR ACCOMPAGNER UNE SORTIE SCOLAIRE ?
Sortie s
Y A-T-IL DES ÉLÈVES DONT LES PARENTS POURRAIENT NOUS ACCOMPAGNER ?
NOUS !! NOUS !!
MAIS C'EST PAS GRAVE : TES ENFANTS LE SONT À TA PLACE.
LE BLOND, LUI, EST TOUJOURS PARTANT.
J'ADORE CE GENRE DE SORTIE. J'AI MÊME POSÉ UN CONGÉ EXPRÈS !
HÉ ! VOUS ME GARDEZ UNE PLACE AU FOND DU CAR, HEIN ! EN PLUS, J'AI ÉCRIT DE NOUVELLES CHARADES ! ON VA BIEN RIRE !
... ALLEZ, UNE FACILE, CETTE FOIS ! MON PREMIER A LE NUMÉRO ATOMIQUE 76 DANS LE TABLEAU PÉRIODIQUE DES ÉLÉMENTS, MON DEUXIÈME EST...
LE BLOND A LA PLACE QUE TU PRÉFÉRAIS QUAND T'ÉTAIS MÔME, ET TOI, TU ES À LA PLACE DU FAYOT.
OH, REGARDEZ LÀ-BAS ! UN PETIT CORNOUILLER DU JAPON!
ET ÇA, C'EST UN PANNEAU QUI SIGNIFIE QUE L'ON NE PEUT PAS MARCHER SUR LA PELOUSE !
MAIS SURTOUT, LE RÔLE D'UN PARENT ACCOMPAGNATEUR EST DE RAMENER TOUT LE MONDE AU BERCAIL.
ENFIN CINQ MINUTES POUR PISSER TRANQUILLE...
PARIS LYON
DEUX, QUATRE, VINGT-SIX... C'EST BON, ON PEUT REPARTIR !
WC
MAIS, MAIS OÙ ILS SONT ?
TOUT LE MONDE, C'EST-À-DIRE TOUS LES ENFANTS.

TRAVAUX (1)

SALUT, VOISIN, ALORS, ÇA BOSSE DUR ?
ON BRICOLE, ON BRICOLE...
TU VEUX UN COUP DE MAIN? MOI AUSSI, JE SAIS CE QUE C'EST. J'AI COMMENCÉ À MONTER LA BIBLIOTHÈQUE DES ENFANTS, HIER, ÇA M'A TUÉ !
MERCI POUR TON OFFRE GÉNÉREUSE, MAIS JE VIENS DE TERMINER IL Y A EXACTEMENT ONZE SECONDES.
ET POUR TOUT DIRE, JE NE SUIS PAS MÉCONTENT D'AVOIR FINI !
LE PORTAIL ?
NON, LA MAISON.

TRAVAUX (2)

TOI, QUAND TU REFAIS UN PEU D'AMÉNAGEMENT, TU DÉPLACES UN CADRE...
BEN, QU'EST-CE QUE TU FOUS ?!
ON N'ÉTAIT PLUS TRÈS CONVAINCUS PAR LA DISPOSITION DU SÉJOUR...
DU COUP, J'AI PRIS MON APRÈS-MIDI ET JE RECOMMENCE.
LE BLOND, IL DÉPLACE LE MUR SUR LEQUEL IL Y A UN CADRE.
T'ES PEUT-ÊTRE UN PEU TROP PERFECTIONNISTE. TU DEVRAIS LAISSER TRANQUILLE LES MURS DE TA MAISON QUI ONT ÉTÉ PLUSIEURS FOIS EN COUVERTURE D'INTÉRIEURS D'AUJOURD'HUI ET FAIRE DES HAÏKUS, DES MANDALAS OU METTRE DES BATEAUX EN BOUTEILLE !
JE LE FAIS DÉJÀ ! MAIS TU COMPRENDS, QUAND TU AS ENTRAPERÇU LE POTENTIEL D'HARMONIE QUI SE TROUVE LÀ, À PORTÉE DE MAIN, TU NE PEUX PAS TE CONTENTER DE L'APPROXIMATIF !
ÇA ME PARLE TELLEMENT, CE QUE TU ME DIS ! JE FAIS ÇA TOUS LES JOURS...
TU LE VOIS, TOI AUSSI, HEIN ? TU LE VOIS, ÉVIDEMMENT ! LE POTENTIEL...
TIENS, TU VAS ME DIRE !
NATURELLEMENT, DANS UN CAS PAREIL, TU N'HÉSITES PAS À PRÊTER MAIN-FORTE.
REGARDE-MOI, PAPOUNET !
LÀ, ÇA VA ? C'EST BON ?
EUH... UN PEU PLUS À DROITE...
ET LÀ ?
OUAIS, C'EST BIEN, LÀ.
UN PEU PLUS À GAUCHE POUR VOIR ?
NON, C'EST BIEN.

LE SPORT DES GOSSES (1)

J'AI BIEN FAIT D'INSISTER POUR L'INSCRIRE AU CLUB. C'EST IMPORTANT, À CET ÂGE, D'AVOIR UNE ACTIVITÉ PHYSIQUE RÉGULIÈRE.
PHYSIQUE ET COLLECTIVE ! APPRENDRE LES RÈGLES DE LA VIE, LA FRANCHE CAMARADERIE, L'AMBIANCE VIRILE DANS LES VESTIAIRES, L'OBJECTIF COMMUN... C'EST ESSENTIEL !
JE TE REJOINS COMPLÈTEMENT. SI JE L'ÉCOUTAIS, IL PASSERAIT SON TEMPS À ASSOMMER DES BARBARES SUR SA CONSOLE. C'EST PAS LA VRAIE VIE, C'EST L'ÉQUIPE D'EN FACE, QU'IL FAUT DÉTRUIRE !
PAREIL, JE LUI AI DIT QUE JE N'AVAIS RIEN CONTRE LE TIR À L'ARC, LE SAUT À LA PERCHE ET LE KAYAK, À CONDITION QU'IL PRATIQUE AUSSI UN SPORT CO.
MAIS QU'EST-CE QUE TU FABRIQUES, PRENDS-LUI LE BALLON, À CET EMPOTÉ !
T'ES LÀ POUR BRONZER OU GAGNER UN MATCH ?!
C'EST BIEN, PITCHOUNOU, CONTINUE, JOUE COLLECTIF !

LE SPORT DES GOSSES (2)

ET VOILÀ : PENALTY. JE LE CROIS PAS !
PAF !
ÇA DEVAIT ARRIVER, ILS PROVOQUENT LA FAUTE !
KRO
IL M'A PAS L'AIR TRÈS HONNÊTE, CET ARBITRE.
ILS JOUENT EN FORCE AU LIEU DE JOUER TACTIQUE. L'AILIER DROIT ÉTAIT SEUL, EN DEUX TEMPS AVEC L'ATTAQUANT GAUCHE, C'ÉTAIT UN BOULEVARD !
BOUH ! TRICHEURS, FILLETTES, CHIQUÉ !!
AUX CHIOTTES, LES VERTS !!!
ALLEZ, LES GARS ! DROITE, GAUCHE, PLACEMENT CENTRE, PIVOT, AILIER, CORNER TÊTE, CENTRER, ET C'EST DANS LA BOÎTE !
HOP HOP HOP !
PAF !
L'ESPRIT SPORTIF, C'EST PLUS CE QUE C'ÉTAIT...

RÊVE DE L'AUTRE

TRAVAIL
FROID
RELOU
CERFA
FORMULAIRE
EFFORT
BELLE FAMILLE
PÉDIATRE
FISC
MAIS QU'EST-CE QUE JE FOUS LÀ ?
TRAVAIL
OUH LÀ ! DEMI-TOUR !
PAS PAR LÀ NON PLUS...
EH OH ! PAR ICI ! HI HI HI !
VIENS ! NOUS ALLONS BIEN NOUS OCCUPER DE TOI !
EUH ?
HI HI HI !
OH YEAH !!!
BOUGEZ PAS, MES JOLIES. JE VAIS VOUS FAIRE VOTRE FÊTE !!!
PAF
MES JOLIES ?! T'ES VRAIMENT QU'UN OBSÉDÉ, TU ME DÉGOÛTES !
C'ÉTAIT HORRIBLE, UN VRAI CAUCHEMAR ! S'IL TE PLAÎT, PRENDS-MOI DANS TES BRAS !

RÊVE DU BLOND

75 PPM ! ALLEZ HOP HOP HOP, ON ALLONGE LE PAS !
JE ME SENS VRAIMENT BIEN, DIS DONC !
0 1 0 0 1 1 0 1 0 1 1 0 1 x+1 4/3 x-y² X 1/2
AH, MON PASSAGE PRÉFÉRÉ ! LET'S GO !
IDEES GENIALES
OH ! MAIS QU'APERÇOIS-JE ?!
VIENS TE RAFRAÎCHIR, BEL HOMME. NOUS TE MASSERONS LES QUADRICEPS PENDANT QUE TU SAVOURERAS UN COCKTAIL LITCHI-CAROTTE…
BON, TRÈS VITE, ALORS. ET EN TOUT BIEN TOUT HONNEUR. J'ACCEPTE LE MASSAGE ET LA BOISSON, RIEN D'AUTRE ! JE ME RÉVEILLE DANS DOUZE MINUTES ET JE NE VOUDRAIS PAS PERDRE UNE MIETTE D'UNE MAGNIFIQUE NOUVELLE JOURNÉE QUI COMMENCE !

GOÛTER D'ANNIVERSAIRE DES ENFANTS DU BLOND

WOW ! Y A DU MONDE ! BON. PAS DE BÊTISE COMME LA DERNIÈRE FOIS, OU ON RENTRE ILLICO !
ÇA VA, ON N'EST PAS DES BÉBÉS !
NON, C'EST VRAI, DES BÉBÉS NE PEUVENT PAS DÉMARRER UNE TONDEUSE.
PITCHOUNOU
PITCHOUNOU
AUJOURD'HUI, TES ENFANTS SONT OFFICIELLEMENT INVITÉS AU GOÛTER D'ANNIVERSAIRE DES ENFANTS DU BLOND.
SALUT, LES ENFANTS ! EUH, DÉSOLÉ, J'AI OUBLIÉ LE CADEAU À LA MAISON !
MAIS TU M'AS DIT QUE TU N'AVAIS PAS EU LE TEMPS DE L'ACHETER !
TAIS-TOI !
JE VAIS QUAND MÊME ALLER DIRE BONJOUR À VOTRE PA...
... PAAAAAH ! UN CLOWN ! JE HAIS LES CLOWNS ! J'AI LA PHOBIE DES CLOWNS DEPUIS ÇA DE STEPHEN KING !
HEEEY ! SAALUT ! C'EST SUPER, QUE TU SOIS LÀ ! JUSTEMENT, J'AI BESOIN D'UN ASSISTANT POUR MON NUMÉRO !
AAAAH HA HA HA ! NONONON ! IL FAUT QUE... JE PEUX PAS, LÀ !
CET ANNIVERSAIRE EST, COMME À L'ACCOUTUMÉE, PARTICULIÈREMENT RÉUSSI. MÊME LES PARENTS SONT DE LA PARTIE, COMME VOUS POUVEZ LE CONSTATER.
SANDRINE MARTIN, EN DUPLEX POUR FUNN TV.
ET MAINTENANT, ON VA FAIRE UNE FARCE À PÉPITO. D'ACCORD, LES ENFANTS ?
FUN TV
OUI!!! !!!

GOÛTER D'ANNIVERSAIRE DES ENFANTS DE L'AUTRE

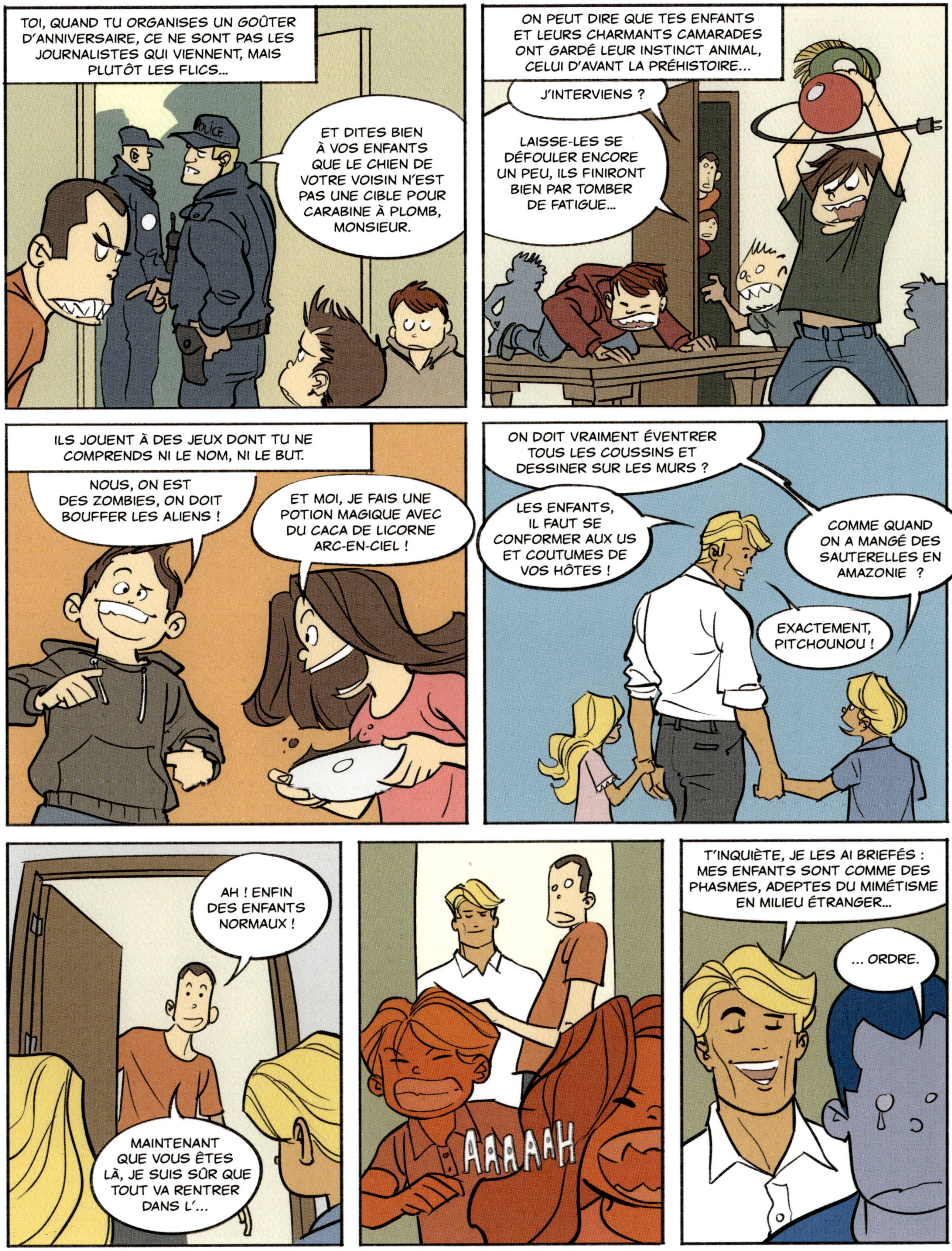
TOI, QUAND TU ORGANISES UN GOÛTER D'ANNIVERSAIRE, CE NE SONT PAS LES JOURNALISTES QUI VIENNENT, MAIS PLUTÔT LES FLICS...
POLICE
ET DITES BIEN À VOS ENFANTS QUE LE CHIEN DE VOTRE VOISIN N'EST PAS UNE CIBLE POUR CARABINE À PLOMB, MONSIEUR.
ON PEUT DIRE QUE TES ENFANTS ET LEURS CHARMANTS CAMARADES ONT GARDÉ LEUR INSTINCT ANIMAL, CELUI D'AVANT LA PRÉHISTOIRE...
J'INTERVIENS ?
LAISSE-LES SE DÉFOULER ENCORE UN PEU, ILS FINIRONT BIEN PAR TOMBER DE FATIGUE...
ILS JOUENT À DES JEUX DONT TU NE COMPRENDS NI LE NOM, NI LE BUT.
NOUS, ON EST DES ZOMBIES, ON DOIT BOUFFER LES ALIENS !
ET MOI, JE FAIS UNE POTION MAGIQUE AVEC DU CACA DE LICORNE ARC-EN-CIEL !
ON DOIT VRAIMENT ÉVENTRER TOUS LES COUSSINS ET DESSINER SUR LES MURS ?
LES ENFANTS, IL FAUT SE CONFORMER AUX US ET COUTUMES DE VOS HÔTES !
COMME QUAND ON A MANGÉ DES SAUTERELLES EN AMAZONIE ?
EXACTEMENT, PITCHOUNOU !
AH ! ENFIN DES ENFANTS NORMAUX !
MAINTENANT QUE VOUS ÊTES LÀ, JE SUIS SÛR QUE TOUT VA RENTRER DANS L'...
AAAAAH
T'INQUIÈTE, JE LES AI BRIEFÉS : MES ENFANTS SONT COMME DES PHASMES, ADEPTES DU MIMÉTISME EN MILIEU ÉTRANGER...
... ORDRE.

FUNÉRAILLES

BIEN QUE DOTÉS D'UNE CONSTITUTION EXCEPTIONNELLE, LE BLOND ET SES CONGÉNÈRES N'EN RESTENT PAS MOINS DES HOMMES...
GASTON HERCULE LEBLOND 1862-2017
L'ACADÉMIE FRANÇAISE RECONNAISSANTE
TU RESTERAS DANS NOS COEURS
365 PETITS ENFANTS
RIP
ARRIÈRE-GRAND-PÈRE
AU MEILLEUR PROFESS
À NOTRE ARRIÈRE ARRIÈRE-ARRIÈRE ARRIÈRE-ARRIÈR
À NOTRE CHAMPION OLYMPI
DANS CE GENRE DE SITUATION PARTICULIÈREMENT PÉNIBLE, LE BLOND RESTE DIGNE...
BOUHOUHOUUU !
HOMME DE SCIENCES ET DE LETTRES AUTANT QUE DE TERRAIN, COMMENT RÉSUMER LA VIE D'UN HOMME QUI A DIRIGÉ L'ORCHESTRE NATIONAL DE FRANCE ? OUVERT LE CHEMIN DE LA PHYSIQUE QUANTIQUE ? DÉCOUVERT LES MYSTÉRIEUSES CITÉS D'OR ? TU FUS UN ARRIÈRE-ARRIÈRE-ARRIÈRE-ARRIÈRE-ARRIÈRE-GRAND-PÈRE LUMINEUX, GÉNÉREUX ET IMBATTABLE AU WATERPOLO JUSQU'À TON DERNIER SOUFFLE.
BOUHOUH !
DIGNE ET ÉLOQUENT...
TU SAIS QUE TU PEUX COMPTER SUR MOI, HEIN, JE SERAI TOUJOURS LÀ POUR T'ÉPAULER !
BOUHOUHOUUU !

LE BLOND, AU LYCÉE, IL ÉTAIT CAPITAINE DE L'ÉQUIPE DE FOOTBALL AMÉRICAIN, ALORS QUE LE FOOTBALL AMÉRICAIN N'EXISTAIT MÊME PAS EN FRANCE. C'EST DIRE S'IL ÉTAIT DÉJÀ AU TOP.
JE NE POUVAIS PAS REFUSER !

LE BLOND, POTE DE LYCÉE

LE BLOND, ON PEUT DIRE CE QU'ON VEUT, ÇA A TOUJOURS ÉTÉ UN MEC SYMPA. PAR EXEMPLE EN SPORT, AU MOMENT DE LA CONSTITUTION DES ÉQUIPES DE FOOT...
ALLEZ ! TU VIENS AVEC NOUS !
QUOI ?! POURQUOI TU PRENDS PAS BRUNO OU LOÏC ? PAS LUI ! IL A TIRÉ CONTRE SON CAMP, LA DERNIÈRE FOIS !
JE CROIS EN SON POTENTIEL. C'EST À NOUS DE L'AIDER À TROUVER SA PLACE.
EUH...
QUAND TU NE MANGEAIS PAS AU MÊME SERVICE QUE TES DEUX MEILLEURS POTES (ET UN PEU LES SEULS AUSSI)...
TU VAS QUAND MÊME PAS MANGER TOUT SEUL ?! ALLEZ, VIENS AVEC NOUS ! LES FILLES, FAITES UNE PETITE PLACE À MON FAROUCHE CAMARADE !
EUH...
QUAND TU ÉTAIS À LA RUE POUR LES CONTRÔLES ET QUE TU N'AVAIS RIEN RÉVISÉ...
ÇA VA ? T'ARRIVES À ME RELIRE ?
ATTENDS, JE VAIS ÉCRIRE PLUS GROS...
EUH...
JE SUIS DÉSOLÉ...
BOF, C'EST RIEN ! PERSONNE N'EST MORT D'UN ZÉRO. ÇA VA ME CHALLENGER POUR REVENIR À 19 DE MOYENNE !
PROVISEUR
OUAIS, VRAIMENT TRÈS SYMPA !

SOUTIEN SCOLAIRE

MONSIEUR ?
OUI ?
JE VOULAIS, SI VOUS LE PERMETTEZ, VOIR AVEC VOUS SI NOUS POUVIONS ÉCHANGER D'AMPHI APRÈS VOTRE COURS DU JEUDI SOIR.
ÉCHANGER ? POURQUOI ? AVEC QUEL PROFESSEUR ? JE NE COMPRENDS PAS, VOUS AVEZ BESOIN DU GRAND AMPHI ?
NON, ENFIN, PAS EXACTEMENT. VOYEZ-VOUS, J'AI MIS EN PLACE UN ATELIER DE SOUTIEN SCOLAIRE POUR MES CAMARADES EN DIFFICULTÉ ET JE CROIS QUE J'AVAIS SOUS-ESTIMÉ L'ENGOUEMENT QU'IL SUSCITERAIT.
ON RISQUE D'ÊTRE UN CHOUIA À L'ÉTROIT...
VOYEZ PAR VOUS-MÊME !
LE PROF EST NUL
PATRICK + LULU

LE FILS DU BLOND CHEZ LE PÉDIATRE

LE FILS DU BLOND N'EST JAMAIS MALADE MAIS, PAR PRÉCAUTION, ET POUR QU'IL SE FAMILIARISE AVEC LE CORPS MÉDICAL, IL SE REND PARFOIS CHEZ LE PÉDIATRE.
DIS, PAPA... POURQUOI TOUS CES ENFANTS SONT-ILS MALADES ?
C'EST TRÈS SIMPLE : ILS ONT ÉTÉ CONTAMINÉS PAR UN VIRUS. DANS UN PREMIER TEMPS, LES PARTICULES VIRALES MIGRENT VERS LES CELLULES. PUIS, LORS DE LA POLYMÉRISATION DE LA BACTÉRIE AVEC LA CELLULE, CELA ENTRAÎNE LA VÉSICULARISATION DE LA MEMBRANE ET SON DÉTACHEMENT, NÉCESSITANT ENSUITE L'HYDROLYSE DE GTP ET LA MIGRATION DE LADITE VÉSICULE VERS L'INTÉRIEUR DE LA CELLULE.
LES PAUVRES, ILS VONT MANQUER L'ÉCOLE...
PUIS CETTE CELLULE VA FUSIONNER AVEC UN ENDOSOME DE TRIAGE À PH ACIDE.
ENFIN, LE PÉDIATRE TE L'EXPLIQUERA BIEN MIEUX QUE MOI.
MAIS MOI, JE NE SUIS PAS MALADE, HEIN ?
TOI ? MAIS NON, VOYONS ! ON VA SEULEMENT FAIRE QUELQUES EXAMENS DE ROUTINE POUR S'ASSURER QUE TON MÉTABOLISME EST EN PARFAIT ÉTAT DE MARCHE !
CHECK-UP DES PLAQUETTES, BILAN BIOMÉTRIQUE, SPIROMÉTRIE, TEST DE VMA...
MALADE.... HA HA HA !
HA HA HA !
DIS, PEUT-ÊTRE QUE JE POURRAIS FAIRE UN DON D'ANTICORPS À TOUS CES ENFANTS, AVANT DE RENTRER À LA MAISON !
C'EST TRÈS LOUABLE DE TA PART, PITCHOUNOU. TU PEUX ÊTRE FIER DE TOI, MON FILS.

LE FILS DE L'AUTRE CHEZ LE PÉDIATRE

DIS, PAPA, POURQUOI JE SUIS MALADE ?
BEN TU VOIS, C'EST PARCE QU'IL Y A DES MÉCHANTES BÊTES TOUTES PETITES MICROSCOPIQUES QUI SONT LÀ, DANS L'AIR, ET PARFOIS, ELLES RENTRENT À L'INTÉRIEUR DE NOUS, JUSTE POUR NOUS EMBÊTER.
COMME LES PETITS DE MATERNELLE QUI MANGENT NOS BILLES ?
OUAIS, C'EST UN PEU ÇA. SAUF QU'ELLES SONT LAIDES À FAIRE PEUR EN PLUS D'ÊTRE MÉCHANTES, FOURBES ET VICIEUSES. TU VOIS LES ORQUES DANS *LE SEIGNEUR DES ANNEAUX* ? BEN C'EST PAREIL, EN PIRE ET EN TOUT PETIT. VRAIMENT DÉGUEU...
ILS SONT NULS, LES ORQUES. ILS ME FONT PAS PEUR. ET *IRON MAN*, IL LES ATOMISE.
JUSTEMENT ! À L'INTÉRIEUR DE TOI, IL Y A AUSSI DES SUPER-HÉROS HYPER FORTS QUI VONT SE BATTRE À MORT CONTRE CES HORRIBLES MONSTRES AUX DENTS ACÉRÉES ET AUX TENTACULES GLUANTES. LE DOCTEUR VA T'AIDER UN PEU...
MAIS EN FAIT, C'EST SURTOUT TOI QUI TE GUÉRIS EN ÉCRABOUILLANT LES MÉCHANTS.
ALORS, MON BONHOMME, ON EST MALADE ? ON VA ALLER REGARDER TOUT ÇA. D'ACCORD ?
BAS LES PATTES ! MON PAPA, IL A DIT QUE LES DOCTEURS ÇA SERVAIT À RIEN. JE VEUX DU TESSERACT OU DE LA KRYPTONITE. DU PALLADIUM, ÇA FERA L'AFFAIRE AUSSI...

PIQUE-NIQUE

PARLONS-EN, DES AIRES D'AUTOROUTE ! TOI, TU T'ARRÊTES À 12 H 30 PILE. À L'HEURE OÙ L'AUTOROUTE SE VIDE ET OÙ LES AIRES SONT PLEINES. ESSAIE D'EXPLIQUER À TES GOSSES QU'IL VAUT MIEUX S'ARRÊTER DANS UNE HEURE !
LES ENFANTS, ARRÊTEZ DE VOUS MORDRE, ON VA SE GARER POUR PIQUE-NIQUER.
Y A UN McDO ?
ET PUIS QUOI ENCORE ? UN BON VIEUX SANDWICH TRIANGLE THON CRUDITÉS, C'EST ÇA, LES VACANCES !
ICI, C'EST TOUT À FAIT CHARMANT !
LA VUE EST MAGNIFIQUE, ETJE DEVINE UNE RIVIÈRE POISSONNEUSE DERRIÈRE CETTE ALLÉE DE PEUPLIERS. TU AS PRIS TA CANNE À PÊCHE, PITCHOUNOU ?
NOUS ALLONS TAQUINER LA TRUITE !
QUOI ? HORS DE QUESTION, REPOSE ÇA ! C'EST UN PIQUE-NIQUE, PAS UN GOÛTER D'HALLOWEEN.
MAIS JE VEUX DES *CROUSTI-CHOCOBOULES* !
OH ! UN ÉCUREUIL !
JE PEUX AVOIR DE LA SALADE NIÇOISE ?
FORCÉMENT, Y A PLUS UNE TABLE OÙ S'ASSEOIR...
EH ! IL Y A UN CARRÉ D'HERBE LIBRE, LÀ !
ANCES
ROPRES
C'ÉTAIT VRAIMENT SYMPA, CETTE PAUSE AU GRAND AIR !
IL Y A UNE DRÔLE D'ODEUR, NON ?
PAPA ! Y A DU CACA SOUS MA CHAUSSURE !
NOUVELLE PAUSE, ESSUYAGE DU CACA, NOUVEAU DÉPART... TROIS QUARTS D'HEURE PLUS TARD...
J'AI OUBLIÉ MON SAC BOB L'ÉPONGE !!

SAC À DOS

AH ! CE SAC BOB L'ÉPONGE ! IL A DÛ ÊTRE PERDU ET RETROUVÉ UNE BONNE CINQUANTAINE DE FOIS. EN RANDONNÉE PENDANT LES VACANCES...
MON SAC BOB L'ÉPONGE !
LAC BLEU 5h
DANS LE BUS, DANS LE MÉTRO...
MON SAC BOB L'ÉPONGE !
À L'AÉROPORT...
ENCORE !? NON MAIS TU LE FAIS EXPRÈS, À LA FIN ?
OUIN !!!
UN SAC À DOS JAUNE AVEC UN BONHOMME BIZARRE QUI RESSEMBLE À UN BOUT DE GRUYÈRE ?
TGV
TGV
TGV
TGV
À BOB L'ÉPONGE. C'EST UN SAC BOB L'ÉPONGE.
POLICE
LA BRIGADE DE DÉMINAGE L'A FAIT PÉTER, MONSIEUR.
ON EST EN VIGILANCE RENFORCÉE, ÇA RIGOLE PAS. UN SAC OUBLIÉ, POUM !
DIS DONC, IL EST OÙ TON SAC BOB L'ÉPONGE ? J'ENTENDS PAS ! PAPA TE DEMANDE OÙ EST TON SAC. TU SAIS PAS ?
TU LE CHERCHES, TU LE TROUVES, TU ME SUIS. ALLEZ, HOP HOP HOP !
LE BLOND, LUI, N'A AUCUN PROBLÈME DE SAC BOB L'ÉPONGE...

LE BLOND, LA BRUTE ET LE TROUILLARD

AZY, FILE-MOI TA MONTRE, TON NIPHONE ET TON NIPAD !
OUI, D'ACCORD, TOUT DE SUITE. ET DÉSOLÉ POUR LE TÉLÉPHONE, IL EST UN PEU RAYÉ. ME TAPEZ PAS !
DIS DONC, L'AMI, SERAIS-TU EN TRAIN DE DÉTROUSSER CE BRAVE HOMME ?
AZY, TADJEULE, JVÉ TE MARAVER ! 'CULÉ !
AH, SUPER, VOUS VOULEZ VOUS BATTRE ?
JE SUIS FAIR-PLAY : JE VOUS LAISSE LE CHOIX DE LA DISCIPLINE. BOXE FRANÇAISE, PENCHAK-SILAT, WING CHUN ?
TCHAK !
WOUK !
AZY, JVÉ TE MARAVER, C'EST TOUT !
OK, OK, ON SE LA JOUE COMBAT LIBRE, DONC. FAÇON «RIXE DE RUE».
C'EST TOI QUI PRENDS DES RIXES, LÀ, BLONDIN.
PIF
PAF
!
OUILLE !
AÏE
JE SUIS DÉSOLÉ, MEC, TU AS DÛ TE BATTRE À CAUSE DE MOI...
AH MAIS NON, C'EST MOI QUI TE REMERCIE ! JE MAÎTRISE TOUS CES ARTS MARTIAUX, MAIS C'EST LA PREMIÈRE FOIS QUE JE PEUX RÉELLEMENT PASSER À LA PRATIQUE.
SNIRFL
CULÉ !